MEMOIRE
SUR LES FINANCES,

CONTENANT

UN MOYEN CERTAIN

pour rembourser la maffe de la Dette
de l'Etat, & affurer la Diminution des
Impôts.

A PARIS,

Chez BUTARD, Imprimeur - Libraire, rue
Saint Jacques, à la Vérité.

M. DCC. LXXIV.

Avec Approbation, & Privilege du Roi.

TABLE
DES MATIERES.

Fin de la Table des Matieres.

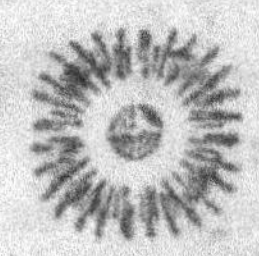

MOYEN

MOYEN CERTAIN

DE REMBOURSER
LA MASSE DE LA DETTE DE L'ÉTAT.
ET ASSURER
LA DIMINUTION DES IMPÔTS.

CHAPITRE PREMIER.

De l'état des Finances , & des Moyens pour y rétablir l'ordre.

LE Cardinal de Richelieu (*) dit que « les » finances sont les nerfs de l'Etat ; c'est le point » d'Archimede , qui étant fermement établi , » donne moyen de mouvoir tout le monde.

» Un Prince nécessiteux, ajoute-t-il, ne sçau- » roit entreprendre aucune action glorieuse : il » est exposé à l'effort de ses ennemis & aux » envieux de sa grandeur.

(*) Testament Politique , Part. 2 , pag. 164.

A

» Il faut qu'il y ait de la proportion entre ce
» que le Prince tire de ses sujets, & ce qu'ils lui
» peuvent donner, non seulement sans se rui-
» ner, mais sans une notable incommodité ».

Tels sont les principes du plus grand Politique qui ait jamais existé. Il a toujours regardé
l'ordre dans les finances comme le moyen le plus
puissant pour faire fleurir un Etat.

Cet ordre, en effet, en ménageant les fonds
publics, fournit ponctuellement à toutes les dépenses ; tient en réserve des ressources toujours
prêtes pour ses besoins imprévus, & épargne
aux peuples l'imposition de nouvelles charges
que la dissipation rend nécessaires, & qui con-
tribuent le plus à indisposer les esprits.

Jusqu'ici, s'est-on proposé sérieusement de
mettre l'ordre dans les finances ? Les faits ne
le prouvent pas.

Jettons les yeux sur leur situation présente ;
nous y verrons un épuisement presque général,
la masse de la dette devenue énorme, les charges annuelles excessivement augmentées, le peuple surchargé d'une multitude d'impôts, la confiance perdue, la circulation interceptée, le
commerce extérieur tombé, l'intérieur languis-
sant, le citoyen accablé de dettes ; en un mot
un désordre universel.

Toute position a ses ressources quelconques,
pour qui sçait l'envisager de sang froid, & d'après
de bons principes : c'est à l'habileté, au zele &
à la prudence des personnes qui gouvernent,
qu'il appartient de choisir ces ressources.

Le temps d'un Ministre des finances est plus
que rempli par les devoirs de sa place ; il ne

peut par lui-même chercher les ressources qui lui sont nécessaires pour faire le bien. Il est obligé de profiter de l'idée des autres.

Malheureusement il est exposé à être surpris; il arrive souvent que celui dont il adopte le système, a plus travaillé pour son intérêt particulier, que pour le bien de l'Etat & la gloire du Ministre; c'est même le sort de tous les petits projets.

Cet abus est si connu, qu'il a attiré un ridicule sur tout ce qui ressemble à un projet de finance. La prononciation du mot Projet, réveille la prévention : on condamne l'ouvrage sans le voir. Et souvent on rebute ce que l'on cherche depuis long-temps; on éloigne le bonheur de l'Etat & de la Nation.

Cette prévention ne peut pas avoir lieu chez un Ministre des Finances; le travail qui lui sera le moins recommandé, sera souvent le meilleur. Il doit tout voir & tout examiner, avant d'asseoir son jugement, & de faire le choix des ressources qu'il aura à proposer.

On ne s'est arrêté jusqu'ici qu'à des moyens particuliers : on a attaqué le mal par des remedes trop foibles, qui n'ont fait que l'aigrir. On n'a pas voulu voir qu'aux grands maux il faut de grands remedes; & que si le mal est général, il faut que le remede le soit.

La Providence a permis que je découvrisse ce remede général : je deviendrois coupable envers Dieu, le Roi & la Nation, si je négligeois de le faire connoître. Si je suis assez heureux pour qu'il perce; quoique le plus humble sujet du Roi, j'aurai l'avantage d'avoir contribué à sa gloire, à la libération de l'Etat & au soulagement de la Nation.

La nécessité de travailler à réparer les finances, est si généralement reconnue, qu'elle est le sujet de toutes les conversations : chacun propose des moyens, sans trop en prévoir l'effet. Je crois utile de rappeller ces différens projets, d'en faire voir l'insuffisance & même le danger, afin de mettre le Lecteur à portée de les comparer avec celui que je dois proposer.

Les uns prétendent que l'économie seule peut réparer nos maux ; d'autres veulent qu'on établisse des Billets quelconques ; d'autres une Loterie, une Banque, une Caisse d'escompte ; d'autres soutiennent qu'un Emprunt ouvert suffira pour éteindre tous les intérêts à 8 & à 10 pour cent que paie l'Etat ; enfin d'autres, plus convaincus de la grandeur de nos maux, ne trouvent de ressource que dans la réduction de la multiplicité des Impôts à un seul, afin de soulager la Nation d'abord du coût des frais de régie qui sont immenses, & ensuite peu à peu par le bon ordre.

Section Premiere.

L'Economie est un moyen insuffisant & difficile.

L'Etat ne peut épargner sur ses charges ordinaires, sur le paiement des arrérages ou intérêts qu'il doit : toutes les Pensions ont été réduites : les Dépenses pour les Troupes sont nécessaires ; celles pour la Marine demanderoient à être augmentées.

L'économie ne peut donc frapper que sur les

dépenses qui environnent l'éclat du Trône : elles
sont en effet très-grandes ; mais elles sont for-
cées. Si les Impôts ont fait tout augmenter pour
le Peuple , cette augmentation a influé sur les
dépenses du Roi. Il est vrai qu'il est possible de
les modérer dans quelques parties : mais quel sera
le fruit de cette économie ? Quelques millions ;
& on aura ôté l'état ou tout au moins l'aisance
à quatre mille Serviteurs du Roi.

Je suppose l'impossible ; je veux croire que
par un plan économique , on épargnera cent
millions par an; que ces cent millions seront employés annuellement au remboursement des
principaux que l'Etat a empruntés dans ses besoins : par-là les charges annuelles diminueront ;
& le Roi sera dans le cas de diminuer les impôts.

Ce plan est flatteur : il seroit une sensation
merveilleuse sur les esprits : il pourroit d'abord
ranimer la confiance & le commerce. Mais ce
moyen seroit-il suffisant ? produiroit-il tout l'effet qu'il paroit qu'on en attend ? Ce secours , il
est vrai , se feroit sentir peu à peu : mais pendant ce temps, la Nation , déjà épuisée par le
poids & la multiplicité des impôts , deviendra
plus pauvre de jour en jour. La diminution des
impôts se fera à peine sentir , parce qu'elle sera
balancée par l'accroissement de la misere.

Mais il y a plus : la Nation pourra-t-elle jamais
compter sur cette économie & sur cette diminution des impôts ? L'épargne d'une année destinée pour un remboursement , ne peut-elle pas
se trouver tout à coup nécessaire pour un besoin
imprévu , pour une Guerre , pour des intérêts
secrets de l'Etat ? Le remboursement indiqué

manquera ; point de diminution d'impôts : delà
l'allarme, la défiance, le discrédit public & particulier. Que seroit-ce, si ces besoins duroient
plusieurs années, & si l'on étoit obligé de recourir à de nouvelles ressources ?

L'usage prouve que rien n'est plus beau qu'un
plan économique dans la spéculation ; le difficile
est dans l'exécution. Si les besoins des particuliers, même les plus économes, exigent annuellement de nouvelles dépenses presqu'insensibles,
peut-on jamais fixer celles qui environnent l'é-
clat du Trône ? Les plus belles résolutions éco-
nomiques ne peuvent-elles pas s'évanouir dans
un moment où il plaira au Roi de donner une
fête d'éclat, ou de faire une dépense extraordi-
naire, & qui sera nécessaire ? Dans le vrai, l'é-
conomie la plus sévere ne peut tenir long-temps
contre le plaisir de dépenser ; comment tien-
dra-t-elle contre une nécessité réelle ou même apparente ?

Généralement on est convaincu qu'à quelque
somme que monte l'économie par année, ce
moyen seroit insuffisant ; aussi veut-on qu'on y
joigne quelqu'un des projets, dont j'ai fait ci-
dessus le détail.

Section II.

L'Etablissement de Billets, tels qu'ils ont dejà eu
cours, seroit dangereux & long.

Ce systême paroît le plus raisonnable ; il est
appuyé par un habile Auteur : « Je regarde, dit-
il (*), » les Papiers circulans comme un remede

(*) Elémens du Commerce, tom. 2, pag. 221.

» dangereux , par les suites qu'ils entraînent :
» mais ils se corrigent en partie par la diminu-
» tion des intérêts , & donnent au moins les si-
» gnes & les effets d'une circulation intérieure ,
» libre & durable. Ils peuvent nuire un jour à
» la richesse de l'Etat ; mais constamment le peu-
» ple vit plus commodément. S'il étoit possible
» de borner le nombre des Papiers circulans.....
» je les croirois fort utiles dans les circonstances
» d'un épuisement général dans tous les mem-
» bres du Corps politique ; disons plus, IL N'EN
» EST PAS D'AUTRE , sous quelque nom ou quel-
» que forme qu'on les présente : il ne s'agit que
» de sçavoir user de la fortune , & se ménager
» des ressources ».

Je suis très-persuadé que les Papiers circulans regardés comme monnoie , tels qu'ils ont
subsisté du temps du Système , auroient fait un
grand bien , si on avoit pu en borner le nombre ; ils pourroient même en faire dans les circonstances présentes : mais je doute qu'ils pus-
sent jamais gagner la confiance ; le préjugé contre ces Papiers subsiste , & subsistera encore , jusqu'à ce que la génération des hommes qui ont
été témoins des désordres de ce temps , soit en-
tiérement éteinte.

Mais j'observe, 1°. que par l'établissement
de ces Papiers, la nation seroit exposée tôt ou
tard à l'arbitraire.

2°. Ce Papier jetté dans le public , seroit
une nouvelle charge pour l'Etat qu'il faudra
retirer ; & où trouvera-t-on les fonds nécessaires ?

3°. Il seroit toujours sujet à être agioté ,

A iv

contrefait, en un mot, à tous les abus que l'on a vus dans le temps du syſtême.

S'il étoit poſſible que le déſordre des finances fût réparé en cinq ou ſix ans, & que le calcul en fût clair aux yeux des peuples, je crois que l'établiſſement de ces Papiers ſeroit praticable. La ſageſſe & la prudence qui accompagnent toutes les opérations du nouveau Gouvernement, gagneroient certainement la confiance. Mais quatre-vingts ans ne ſuffiroient pas pour éteindre ces Billets ; & il eſt de principe que dans un Gouvernement monarchique, toute opération qui ne tient ſa force que de la confiance, & qui peut avoir de mauvaiſes ſuites, ne peut être éterniſée.

Je crois fermement qu'il n'y a qu'un Papier circulant qui puiſſe réparer toutes choſes; mais je veux que ce Papier ſoit tout différent de ceux qui ont paru juſqu'ici, comme je le ferai voir par la ſuite.

Section III.

Une Loterie, une Banque, une Caiſſe d'eſcompte, ſont des moyens incertains & uſés.

Les reſſources des loteries, des banques, des caiſſes d'eſcompte ont déjà été épuiſées, ſans qu'on puiſſe aſſurer que l'Etat & la Nation en aient retiré un avantage réel. Elles ont eu leur cours ; & elles ont fini comme la plupart des opérations, qui n'aſſurent de gain que ſur le tableau qu'on en préſente, & qui dans le vrai tournent tout au profit des inventeurs.

Ces reſſources ne toucheroient que quelques

actionnaires ; elles feroient indifférentes au corps de la nation. Je supplie le Lecteur de se rappeller que c'est le salut général de la nation qu'il faut chercher , & non celui des particuliers ; c'est le commerce & l'agriculture qu'il faut ranimer ; c'est la circulation qu'il faut rendre naturelle ; c'est l'espece qu'il faut rendre présente parmi le peuple ; ce font les impôts qu'il faut diminuer.

Peut-on même se flatter que les actions de la loterie , de la banque ou de la caisse d'escompte prendront une véritable confiance ? Ne font-elles pas une nouvelle charge pour l'Etat ? Ne faudra-t-il pas les rembourser ? Ne donneront-elles pas lieu à un agiotage , qu'il est de la bonne police de détruire ? En un mot , ne seront-elles pas sujettes aux mêmes inconvéniens que nous avons remarqués dans les Billets ci-dessus ?

J'accorde qu'on sçaura mieux profiter de la fortune que par le passé ; les actions seront employées à rembourser la masse de la dette. Par-là , on diminuera les charges annuelles , & on pourra diminuer quelques impôts : mais comme dans ce cas , les actions peuvent être considérées comme une espece d'emprunt , pour ne pas me répéter , je prie de prendre lecture de l'article qui suit ; j'observe seulement que dans tous les cas , il faudra payer un intérêt par l'Etat.

SECTION IV.

*Des avantages & des inconvéniens d'un Emprunt,
& de son insuffisance.*

L'opération d'un Emprunt destiné à éteindre des intérêts à dix pour cent, paroît flatteur. S'il est ouvert à constitution de rente perpétuelle, il y a moitié à gagner pour la diminution de la charge annuelle & des impôts.

Si au contraire il est à rentes viageres, le gain ne se fera sentir que par la suite; mais dans vingt à vingt-cinq ans, la décharge de l'Etat & la diminution des impôts seront réelles.

Je n'examine pas si cet emprunt attirera la confiance, s'il est de l'intérêt de l'Etat d'ajouter sans cesse à la masse de sa dette, & si la Nation se prêtera à ôter son principal du commerce. Portera-t-on cet Emprunt jusqu'à cent & même jusqu'à deux cens millions? On diminuera la charge annuelle de cinq & même de dix millions; on diminuera également les impôts : mais lorsque tous les principaux à dix pour cent seront remboursés, il faudra chercher de nouvelles voies pour soulager la nation : car enfin, il faut diminuer les impôts, jusqu'à ce que la Nation cesse d'être surchargée.

Le Cardinal de Richelieu nous apprend (*) que sous Louis XIII, tous les impôts se montoient à soixante-neuf millions; & il trouvoit le peuple surchargé : aujourd'hui il en coûte à la nation plus de cinq cens millions par an. Je sçais

____

(*) Testam. Polit. pag. 182 & 183.

que les temps passés n'ont pas de proportion avec le présent ; mais aussi il n'y a pas de proportion dans les charges : je ne prétends pas que les impôts soient trop forts de quatre cens millions ; mais je croirois volontiers la nation surchargée de cent cinquante millions par an. Si cela est, il faut prendre le véritable moyen pour l'en décharger, & ne pas se contenter d'employer ces ressources particulieres, qui peuvent bien adoucir le mal, mais ne peuvent le guérir.

Encore, si tous les moyens qu'on propose, pouvoient avoir lieu en même temps, les petits avantages qui pourroient résulter de chaque objet, formeroient une somme considérable ; mais je prie d'observer que l'économie est le seul moyen qui puisse accompagner les autres. Si le Roi établit des Billets de Banque, il ne peut plus y avoir de loterie, de caisse d'escompte, ni d'emprunt ; parce que ces Billets rempliront le même objet : tous ces projets tendent au même but.

Il est possible de tirer des avantages réels des différens projets qu'on propose : mais quand on connoît la grandeur des maux auxquels il faut remédier, on est forcé de convenir qu'ils sont tous insuffisans. Je conviens que, joints au zele d'un Ministre éclairé, ils pourront faire un plus grand bien ; mais s'il survient quelque besoin pressant & imprévu, il faudra recourir aux impôts, & rétablir tout ou partie de ceux qu'il aura ôtés : & c'est, je pense, ce qui a fait naître l'idée du projet de la réduction de la multiplicité des impôts à un seul. On a vu qu'il falloit une opération générale ; il ne s'est présenté que l'impôt unique.

Section V.

Il est dangereux & impraticable de simplifier tout à coup les Impôts.

Dans les circonstances présentes , il est impossible de penser à réparer le désordre des finances par la réduction générale de la multiplicité des impôts à un ou deux seulement. Je crois les grands systêmes de M. de Vauban , & d'autres zélés patriotes , impraticables. La nature des impôts est trop multipliée , pour pouvoir les réduire tout à coup. Le général de la nation est trop pauvre , pour compter sur un nombre certain d'habitans solvables. Toutes nouveautés (quelque bon succès que l'on puisse s'en promettre) sont toujours dangereuses dans un Etat. Le changement peut troubler l'ordre & la tranquillité ; il peut même donner à l'Etat une secousse violente , capable d'en ébranler la constitution. Les recouvremens pourroient devenir incertains , par une nouvelle forme de perception. Il faudroit des fonds, & rembourser les charges de finances ; autrement ce seroit écraser les propriétaires ; en un mot, il n'y a pas de particulier dans l'Etat, que la commotion d'un changement de cette espece ne frappât au vif.

Les nouveautés, dit encore (*) le Cardinal de Richelieu , ne doivent jamais être entreprises,

(*) Testam. Polit. pag. 180.

si elles ne sont absolument nécessaires. Il paroît d'un changement léger dans les finances. Que n'auroit pas dit ce grand Ministre, s'il eût été question d'un changement général dans toutes ses parties, & dans un temps où la nature des impôts est multipliée à l'infini.

L'Etat & le peuple pourroient retirer un avantage de la conversion de tous les impôts en un seul. Plus de frais de régie; plus d'exactions; liberté entiere dans le commerce; diminution sur les impôts que supporte chaque membre de la nation; revenu plus fort pour l'Etat, &c. Mais le découragement seroit une suite nécessaire de ce changement.

Examinons ce que chacun de nous paie chaque année sur le vin, le poisson, la viande, le sel, le bois, le charbon, les épices, le café, le tabac, &c &c. Comptons ce qu'il nous en coûte sur notre chapeau, nos habits, notre linge, nos bas, nos souliers, le papier, la poudre, &c. &c. Ajoutons les tailles que paient nos fermiers, les vingtiemes, les capitations, les frais de contrôle, d'insinuation, &c. &c. Rassemblons tous ces objets.... Il y a de quoi effrayer; chacun de nous les a cependant exactement payés; nous l'avons fait, sans nous en appercevoir, parce que ces impôts ont été tirés par le détail.

Si on réduit tous les impôts à un seul, chacun aura moins à payer qu'il ne fait aujourd'hui. Mais il faudroit ne pas connoître les hommes, & les supposer tous assez raisonnables, il y a plus, assez honnêtes, pour se prêter au paiement de l'impôt. Qui ne sçait que chacun

ne le paie qu'à son corps défendant , & parce
qu'il y est forcé? Qui peut ignorer que la ma-
jeure partie de la nation est réellement pauvre ,
& qu'il est impossible d'asseoir une taxe fixe?
Si l'impôt unique paroit fort , chacun perdra
courage , & se croira accablé. On craindra qu'il
n'augmente encore peu à peu comme ceux qui
auront été anéantis : on voudra paroître pauvre
pour se faire diminuer ; on n'osera entreprendre
de commerce ni l'étendre , dans la crainte d'être
augmenté. Dès-lors plus d'émulation , plus d'industrie ; ce qui seroit pour un Etat le comble
du malheur.

Je n'entre pas dans le détail des raisons qui
ont empêché il y a long-temps l'établissement de
ce grand système ; il me suffit de dire que si jamais ce système a été praticable , c'étoit lorsque
les impôts étoient de deux tiers moins forts
qu'ils ne le sont , c'étoit sous le siecle de
Louis XIV. Les maux que son établissement
causeroit aujourd'hui , sont inexprimables.

CHAPITRE II.

Exposition d'un nouveau Plan de Finance.

PLUS les maux font grands, plus le remede que la fageffe du Gouvernement veut y appliquer, doit être puiffant.

Je crois qu'il eft néceffaire que le remede foit général ; il faut en même temps travailler à diminuer la maffe de la dette de l'Etat, & fes charges annuelles ; à modérer les impôts, rétablir la confiance, faciliter le commerce, ranimer l'agriculture, & aider le Citoyen.

L'opération que je vais propofer, remplit parfaitement ces fept objets.

Elle acquitte d'abord une fomme confidérable de la maffe de la dette, & donnera tous les ans ouverture à de nouveaux rembourfemens.

Elle diminue dans l'inftant les charges annuelles de l'Etat de 30 à 40 millions, & enfuite d'année en année de 3 à 4 millions.

Elle fait diminuer fur le champ les impôts de 30 à 40 millions, & en affure la diminution graduelle de 3 à 4 millions par an.

Elle jette beaucoup d'argent dans le Public ; & par conféquent elle rétablira la confiance, ranimera le commerce, l'agriculture, & procurera des fecours aux fujets du Roi.

J'ajoute que cette opération n'attaque la fortune, ni l'état de qui que ce foit, & qu'elle ne fait aucun changement dans l'ordre actuel des chofes.

Avant de l'établir, je crois utile de remonter jusqu'à la source de nos maux, afin de faire sentir combien ce remede est proportionné. Si le mal s'est accru peu à peu ; on verra que le remede, suivant la route contraire, réparera peu à peu tout le désordre.

SECTION PREMIERE.

Des Causes de nos Maux.

Le désordre des Finances prend sa source dans des temps reculés : les impôts, anciennement modiques, se sont augmentés insensiblement : les besoins pressans ont donné lieu dans les diffé-rentes circonstances d'en inventer de nouveaux. D'autres fois, pour se procurer de l'argent, l'Etat s'est trouvé forcé d'emprunter, & d'employer toutes sortes de voies pour y parvenir. L'aug-mentation des impôts a suivie nécessairement celle des charges. On ne s'est apperçu de la grandeur des maux que lorsqu'ils ont été extrê-mes. Des Ministres bien intentionnés ont voulu y remédier, & n'ont pu en trouver le moyen. D'autres se sont contentés de voir le mal, & n'ont travaillé qu'à le pallier par de petites res-sources, douces à la vérité pour le moment, mais ruineuses pour l'Etat & pour la Nation. C'est ainsi que la dette de l'Etat s'est accrue, & que les impôts se sont multipliés à l'infini.

A la faveur des Emprunts publics, trop multi-pliés, & des Offices créés dans les différens temps & sous différens prétextes, il s'est établi des moyens de subsister sans travail, & réellement aux dépens des autres Citoyens : delà la langueur dans le commerce.   La

La diminution du commerce a fait qu'on a cherché à placer son argent à un intérêt avantageux. Les besoins de l'État avoient causé ceux des particuliers. Le nombre des emprunteurs s'est multiplié par la facilité de trouver des prêteurs. L'intérêt de l'argent s'est soutenu haut : delà la gêne dans la circulation.

A proportion que l'Etat a emprunté, son crédit a diminué. On a préféré de prêter aux particuliers : delà la perte de toute confiance.

Le défaut de confiance, joint à une espece d'ivresse, & au desir de vivre dans le repos, a fait retirer du commerce le reste des fonds qui y étoient employés : delà sa décadence.

Enfin le desir de porter sa fortune sur soi, de s'exempter des impositions publiques, & de compter journellement ses profits, a donné lieu à un agiotage sur le papier, qui a achevé de détruire la bonne soi, la confiance & les mœurs, & ne nous a laissé qu'un affreux égoïsme.

Telles sont les sources de la multiplicité des impôts, de la chûte des manufactures, de la navigation, de l'agriculture, de l'industrie, & enfin de tout commerce.

Section II.

Du Remede à nos maux.

Pour parvenir à réparer solidement tous ces désordres, il faut prendre une route absolument contraire à celle qui a été suivie jusqu'ici. Le mal est venu par l'augmentation progressive de la masse de la dette; on ne peut le réparer que par la diminution progressive de cette même masse.

B

Laisser subsister la masse de la dette dans la situation où elle est, c'est laisser l'Etat toujours à la veille de se trouver dans des besoins pressans, c'est laisser subsister le discrédit public.

Ne pas rembourser une partie des fonds que les peuples ont prêtés à l'Etat dans ses différens besoins; ne pas rendre l'espece plus commune parmi la partie commerçante: c'est entretenir le discrédit particulier, & la gêne qui se trouve dans la circulation; c'est laisser le Roi dans l'impossibilité de diminuer les impôts.

Je crois donc que pour libérer l'Etat, & assurer au peuple la diminution des impôts, lui procurer l'aisance, rétablir le commerce & ranimer la confiance, il n'y a qu'un plan à suivre. Il faut, par des remboursemens annuels diminuer la masse des principaux que doit l'Etat; par-là, on éteindra ses charges annuelles, & on rendra certaine la diminution des impôts : & mon systême n'est pas nouveau.

« Le vrai moyen d'enrichir un Etat (*), dit le grand Ministre que j'ai cité, » c'est de soulager » le peuple, & décharger l'un & l'autre de ses » charges. En diminuant celles de l'Etat, on » peut diminuer les Tailles, & non autrement; » & partant, c'est la principale fin qu'on se doit » proposer dans le réglement de ce Royaume ».

Si la France nous découvroit quelque mine féconde d'or & d'argent, on n'hésiteroit pas à prendre cette voie; mais elle n'en produit point, & le Roi ne peut en avoir qu'il ne les tire sur ses Sujets. Il faut donc chercher d'autres moyens. Il faut trouver des signes de l'argent qui puissent

____
(*) Testam. Polit. Part. 2, pag. 182.

le suppléer ; & si on ne peut leur donner qu'une valeur précaire, faire ensorte qu'ils aient autant de confiance dans le Public, qu'en peut avoir l'argent, & que cette confiance soit assurée sur la constitution même du signe.

Nous ne pouvons trouver ces signes que dans un Papier ou Billet : mais il faut qu'il ait des qualités particulieres, & qu'il ne soit susceptible d'aucun abus ; & voici celui que j'ai imaginé.

Section III.

Plan d'un nouveau Papier circulant.

Je propose un Billet circulant fait sous une forme simple, mais nouvelle ; destiné uniquement au remboursement de la masse de la dette de l'Etat ; qu'on ne puisse contrefaire sans que la fraude ne soit découverte ; qui soit inaltérable ; qui ne puisse être agioté ; qui puisse être fait de différentes sommes ou natures, pour la facilité des Citoyens ; qui soit d'une circulation facile, & de nature à avoir le même cours que la monnoie ; qui ne puisse avoir de suites dangereuses ; de l'essence duquel il soit que le nombre en soit fixé, & ne puisse jamais être multiplié ; qui s'anéantisse de lui-même & insensiblement, en changeant de main, sans être obligé de recourir à un Bureau, & sur lequel le changement se trouve nécessairement constaté par la construction même du Billet ; qui puisse diminuer au profit de l'Etat, sans occasionner une perte à la Nation : en un mot, fait de maniere à attirer la confiance.

Je joins ici le Modele de ce Billet ; je prie le

Lecteur de l'étudier soigneusement : cette étude pourra lever les difficultés que l'idée seule d'un Billet pourra présenter d'abord à son esprit.

En tête du Billet, est mention de l'Effet ou du Contrat, au remboursement duquel le Billet est employé, & le Numéro.

Le corps du Billet contient la somme, le nom, les qualités, la demeure du Créancier remboursé, le N°, & la nature de la créance remboursée. Il sera signé de trois Commissaires, & du Créancier qui l'aura reçu en remboursement.

Le verso du Billet, est divisé en quatre Colonnes, dont trois pour faire signer le Cédant, le Prenant, & mettre les qualités & demeure du Prenant. Chacune de ces trois colonnes est coupée en dix cases, pour constater dix mutations. La colonne subsidiaire est destinée pour les cas imprévus ; par exemple, si le dernier Prenant vient à mourir, cette colonne servira pour rétablir sur le champ son héritier à sa place, sans qu'il en coûte rien, & sans aller au Bureau.

Après dix mutations, ce Billet seroit apporté à un Bureau pour être renouvellé.

Voyons maintenant si ce Billet a toutes les qualités que je viens d'annoncer.

SECTION IV.

Examen des Qualités du Billet proposé.

PREMIEREMENT, ce Billet, tout composé qu'il est pour lui procurer sa sûreté, est sous une forme très-simple ; c'est une Lettre-de-Change qu'il suffit d'endosser : celui qui aura signé au bas du Billet, signera dans la premiere case en le cédant,

& fera figner fon Ceffionnaire ou Prenant dans la colonne à ce deftinée. Le Prenant à fon tour fignera dans la feconde cafe du Cédant, & fera pareillement figner celui à qui il cédera ; & ainfi des autres. Il n'y a que le Billet au Porteur qui puiffe préfenter plus de fimplicité ; mais il n'eft pas propofable.

SECONDEMENT, ce Billet eft deftiné uniquement & effentiellement au rembourfement des dettes de l'Etat : fa conftruction doit néceffairement contenir le nom du Propriétaire, la nature & le numéro de l'Effet ou Contrat au rembourfement duquel il aura été employé. Le Citoyen qui aura été rembourfé, l'atteftera par fa fignature : dès-lors il n'en peut être fubftitué d'autre, fous quelque prétexte que ce foit, fans que l'abus ne devienne public.

TROISIEMEMENT, il ne pourra jamais être contrefait. Un papier fait exprès, le format du Billet, le nombre des fignatures, le retour au Bureau après dix mutations ; tout prouve que perfonne n'ofera entreprendre de le contrefaire : en remontant, la fraude feroit néceffairement découverte.

QUATRIEMEMENT, il eft inaltérable. Dans le cas où un Billet fe trouveroit égaré ou volé, il faut qu'il foit rendu au Propriétaire ; parce que la fignature du Cédant étant un contrôle fucceffif de celle du Prenant, perfonne ne pourra figner pour un autre : toute grature feroit encore néceffairement découverte.

CINQUIEMEMENT, il ne pourra être agioté : le Billet étant monnoie, il aura toujours fa valeur. Il n'y auroit que le cas où un particulier

n'ayant que de petites fommes à payer, fe trouveroit avoir un Billet de 800 à 900 liv.; alors
il feroit forcé d'efcompter; ce qui pourroit introduire un agiotage coûteux. Mais il eft aifé
de remédier à ce mal par l'établiffement d'un ou
plufieurs Bureaux de Change, dans lefquels,
moyennant un léger courtage, les Billets forts
feroient échangés contre de petits, & foldés en
argent.

Sixièmement, il peut en être fait de différentes fommes, comme de 25, 50, 100, 300,
500, 600, 800, 900, & 1000 liv. : l'ordre
qu'il eft néceffaire de tenir pour la manutention
d'une opération de cette importance, empêche
qu'il puiffe en être fait plus de neuf à dix ef-
peces.

Septièmement, il eft d'une circulation facile, & peut avoir le même cours que la monnoie.

Le Roi peut ordonner, par exemple, que les
arrérages de rentes, les loyers, les Billets à ordre, & même les Lettres-de-Change fur les Marchands, feront payés moitié en argent, moitié
en billets (Les Rentes fur l'Hôtel-de-Ville pourroient être toujours payées en argent). Dès-lors
les Billets circuleroient concurremment avec
l'argent.

La circulation du billet confidéré en lui-même, eft facile; il ne s'agit que de l'endoffer comme
une Lettre-de-Change.

Confidéré par rapport au commerce, je ne
penfe pas qu'il puiffe effuyer de difficultés.

Tout le monde convient que le commerce
eft gêné, les manufactures font tombées, l'in-

duftrie languit, le marchand fait peu de débit,
& eft mal payé, l'ouvrier gagne à peine de
quoi fournir aux befoins de la vie.

Par l'abondance de l'efpece, le commerce
revivra, & tout prendra vigueur; c'eft l'effet
naturel de la multiplication des fignes. Il eft
vrai que ce billet doit être affujetti à une perte;
mais

Qu'importe à cet Orfévre de recevoir un billet
de cent livres pour le prix de fa marchandife,
lorfqu'il a de l'or ou de l'argent pour ce même billet; il eft vrai qu'il perdra un demi, ou
fi vous voulez, un pour cent; mais fon travail lui aura rapporté 15 à 18 liv. de bénéfice,
tandis qu'aujourd'hui il ne gagne pas 3 livres
par jour. Se plaindra-t-il d'effuyer une perte
légere, lorfque fon travail doublera?

Qu'importe à cet Entrepreneur de bâtimens,
à ce Marchand de draps ou de foie, à ce Bi-
joutier, à ce Manufacturier, de recevoir un billet
en paiement de fon travail ou de fa marchandife; dès qu'il eft payé, il paiera de même : fon
commerce doublera; il ne fe plaindra point du
droit d'amortiffement qu'il fupportera, parce
qu'il ne fera plus forcé d'emprunter à 6 & à 10
pour cent. D'un autre côté, l'efpece en argent,
plus commune que les billets, les mettra à portée de fubvenir aux dépenfes journalieres. Les
billets feront donc reçus dans le commerce
avec plaifir.

Si nous envifageons la circulation du côté
des Rentiers, il eft certain que prefque tous
les membres de la nation font accablés de dettes
les uns envers les autres; outre que l'augmen-

tation des signes que je propose, leur procurera
des remboursemens qui les mettront à portée de se libérer ; elle donnera lieu à une répartition de la masse de l'argent ou de ses signes.
Les motifs de défiance s'évanouiront ; les propriétaires qui tiennent l'ancienne masse renfermée, la répandront ; la circulation deviendra
libre ; l'intérêt de l'argent diminuera ; chacun
profitera de l'abondance des signes pour se libérer, ou au moins modérer ses charges annuelles ; celui qui est mal-aisé, trouvera dans
la bourse du riche, les moyens de favoriser son
ardeur pour le travail ; en un mot, personne
ne prendra garde à la perte qu'il supportera sur
la mutation, parce qu'il gagnera d'un autre côté : d'ailleurs, il sera indemnisé par la diminution des impôts de consommation, & autres.

Reste la partie commerçante sur l'argent. Il
est clair que, si ceux qui font cette branche
de commerce, sont obligés de prendre des Billets en paiement des Lettres-de-Change, leur
perte excédera leurs droits de commission ; mais
à cet égard, je crois qu'il faut distinguer le Négociant d'avec le Banquier.

Le Négociant est un Commerçant qui, en
même temps qu'il a des magasins de marchandises, se mêle de faire la banque dans sa partie.

La difficulté des temps a prodigieusement
multiplié leur nombre ; les Lettres-de-Change
font devenues le signe général entre tous les
marchands pour payer leurs marchandises ; chacun a tiré & accepté, & chacun a pris le titre
de Négociant.

Pour faire honneur aux engagemens, la plupart comptent fur la vente des marchandifes qu'ils ont payées avec ces Lettres-de-Change : fi la vente manque, il faut recourir à l'efcompte, aux emprunts à de gros intérêts ; delà la ruine affez fréquente de plufieurs de ces Négocians ; delà ces banqueroutes qui fe fuivent affez ordinairement les unes les autres ; & c'eft ainfi que la fortune du Marchand de la matiere premiere, du Manufacturier, du Marchand en gros, fe trouve dépendre abfolument de l'adreffe, de l'intelligence, & fouvent de la probité & de la fageffe d'un étranger.

La multiplication des fignes mettra la plupart des marchands en état de payer comptant leurs marchandifes, ou tout au plus de faire des billets à fix mois d'échéance : ils feront bien payés, ils paieront de même ; ils fupporteront à la vérité une perte fur les billets ; mais ils en feront indemnifés par les forts intérêts qu'ils ne fupporteront plus, par la diminution des impôts dont ils jouiront, & par leur induftrie particuliere : ils abandonneront volontiers la qualité de Négocians, parce qu'ils n'auront plus befoin de Lettres-de-Change ; & chaque chofe reprendra fa place.

Il n'en eft pas de même des Banquiers ; leur commerce ne roule que fur l'argent, leurs droits font fixés : s'ils touchent des rentes, ou s'ils placent un principal, la commiffion eft d'un pour cent ; s'ils acceptent une Lettre-de-Change, elle eft d'un demi pour cent ; enfin, s'ils paient fans accepter, elle eft d'un tiers de l'un pour cent.

Si le Banquier, comme membre de la nation, jouit, ainſi que les autres citoyens, de la diminution des impôts de conſommation & autres, il doit auſſi contribuer pour ſa part à la libération de la dette de l'Etat ; & je crois que cette part doit être fixée, ainſi qu'il ſuit.

Comme il faut toujours partir d'un point fixe, je calculerai ſur un fonds de caiſſe de 300,000 liv.

Le profit d'un marchand qui fait dans l'année un commerce de 300,000 liv., s'eſtime d'ordinaire à raiſon de dix pour cent, ci,   30,000 liv.

Si le marchand recevoit ces 300,000 liv. en billets, le droit de demi pour cent qu'il auroit à ſupporter, ſeroit de 1500 liv.

Mais ſi on lui paie moitié en argent, il ne recevra en billets dans le courant de l'année, que pour 150,000 liv. ; la perte qu'il aura à ſupporter, ne ſera plus que de 750 liv.

Le marchand aura donc, au bout de l'année, un profit net de 29,250 liv., que l'abondance des ſignes lui fera rentrer très-exactement.

Quant au Banquier, pour qu'il gagne 1500 l. net, à demi pour cent, il faut que les 300,000 l. qui forment le fonds de ſa caiſſe, ſortent pour y rentrer enſuite.

S'il étoit tenu de recevoir moitié en billets, il ſupporteroit tout d'un coup une perte de 750 liv. ; ce qui n'eſt pas juſte.

Il faut donc établir une proportion ; il ne doit pas plus payer que tout autre citoyen.

La perte du Marchand ci-deſſus fixée à demi pour cent, eſt du quarantieme de ſon gain ; celle des Banquiers doit être la même.

30,000 liv. font à 750 liv. ce que 1500 l. font à 37 liv. 10 f.

750 font le 40ᵉ de 30000, comme 37 liv. 10 f. font le 40ᵉ de 1500 liv.

En fixant le numéraire en billets que doit recevoir le Banquier au 40ᵉ de la Lettre-de-Change qu'il aura à toucher ; la proportion fera établie. Sur la rentrée des 300,000 liv., il ne touchera en billets que 7500 liv., dont le demi pour cent fera de 37 liv. 10 f.

Si la caiffe du Banquier eft renouvellée quarante fois par an, il recevra quarante fois 7500 liv. en billets ; ce qui montera par an à 150, 000 liv.; la perte du demi pour cent, fera de 750 liv. ; par-là la balance fe trouvera établie.

Si la caiffe eft renouvellée plus fouvent, il y aura plus de perte ; mais auffi il y aura plus de profits ; & la perte ne fera jamais que du 40ᵉ des profits.

Le droit d'un pour cent que touche quelquefois le Banquier, ne doit être confidéré que pour compenfer le droit du tiers qu'il touche auffi quelquefois.

Le Banquier & le Marchand ne fe trouveront-ils pas remplis de cette perte, par la diminution des impôts de confommation ?

Huitiemement. Le Billet ne peut avoir de fuites dangereufes, ni par rapport à l'Etat, ni par rapport à la Nation.

La nature du Billet eft d'être employé au rembourfement d'une partie déterminée des dettes de l'Etat ; dès-lors il n'y a rien à craindre pour lui ; au contraire, fa fituation devient meilleure par la diminution de la maffe de fa dette.

Quant à la Nation, la présence réelle des signes, ne peut que ranimer son commerce & son industrie, & lui procurer l'aisance : les besoins du peuple sont réels & pressans : la multiplication seule des signes peut l'aider ; d'ailleurs la perte que la Nation supportera sur les Billets, sera compensée par la diminution effective des impôts.

On ne doit pas craindre les abus qui ont accompagnés & suivis le systême de Law. L'argent n'essuiera pas de surhaussement ; il circulera concurremment avec les Billets.

Le Roi n'aura pas d'intérêt d'anéantir les Billets, parce qu'ils s'anéantissent d'eux-mêmes, & ne doivent être remboursés que lorsqu'ils seront réduits à 6 liv.

Il n'aura pas non plus d'intérêt d'attirer tout l'argent, parce qu'il n'en aura pas besoin ; au lieu que dans le temps du systême, on se couvroit du prétexte des remboursemens à faire, pour retirer les Billets de banque.

Enfin les Billets ne seront jamais multipliés au-delà du nombre fixé ; & c'est la neuvieme qualité du Billet.

Neuviemement. Il est de l'essence du Billet que le nombre en soit fixé. Le Billet étant consacré pour être employé au remboursement des dettes de l'Etat ; il ne peut être fait pour d'autre fins. Dès que la somme à rembourser sur la masse aura été fixée, il ne pourra être fait de Billets que pour cette somme : & pour prouver à la Nation que très-exactement il n'en sera pas fait un de plus, le Roi pourra fixer le nombre des Numéros de chaque espece

Modele du BILLET.

N°.

Cent^{me} den.

BILLET COMMERÇABLE, en exécution de l'Edit le

REMBOURSEMENT de

BON pour la somme de   en faveur de   demeurant à   rue de   pour le Remboursement de

Le présent BILLET sujet, à chaque mutation ; à la déduction de Demi pour Cent du principal d'icelui, en exécution de
Fait à   le   177

Colonne où signera le Cédant.	Colonne où signera le Prenant.	Noms, Villes, Demeures & Qualités du Prenant.	Colonne Subsidiaire;

de Billets à faire, pour être employés au rembourfement qui fera réglé.

Dixiememewt, le Billet peut s'anéantir de
lui-même & infenfiblement, & les mutations
feront néceffairement conftatées. Il fuffit d'examiner le Modele du Billet, pour voir que les
mutations fe conftateront par les fignatures, &
que les fignatures feront néceffaires pour le tranf-
port du Billet à un autre : celui qui cédera le
Billet, fupportera le droit de mutation ; il n'aura
pas d'intérêt de fauver le droit à fon Prenant :
d'ailleurs, comme il fera refponfable de l'appofition de la fignature de fon Prenant, il ne s'ex-
pofera pas à une amende que l'on pourroit fixer
au montant du Billet fur lequel il auroit préva-
riqué. Je fupplie de remarquer, que je ne dis
pas : le Cédant fera refponfable de la vérité de la
fignature, mais de l'appofition de la fignature.

Quant aux perfonnes qui ne pourroient, ou
ne voudroient pas figner, il n'y auroit pas de
difficulté. Un pouvoir quelconque, ou la confiance dans un autre, y fuppléeroit ; mais celui
qui auroit figné en prenant, feroit toujours tenu
de le faire en cédant.

Les mutations fe trouveront donc néceffairement conftatées. D'après cela, fi le Roi veut que
ce Billet s'anéantiffe infenfiblement, il peut
mettre fur chaque mutation un droit quelconque, d'un quart, d'un demi, ou d'un pour cent
de perte.

Je fuppofe le droit fixé à un pour cent, & qu'il
s'agiffe d'un Billet de 100 liv. ; celui qui aura
reçu ce Billet en rembourfement, le cédera au
premier Prenant pour 99 liv. Ce Prenant le

cédera à un second pour 98 liv. ; & ainsi des autres, jusqu'à ce que les dix cases soient remplies ; alors le dernier Prenant l'apportera au Bureau, où dans l'instant il sera renouvellé sous le même numéro, & sous le nom du dernier Prenant, qui signera le nouveau Billet, & l'emploiera comme le premier.

Le principal du Billet renouvellé, sera composé de la valeur de l'ancien, déduction faite des dix centiemes qu'auront produit les mutations ; ainsi le Billet de 100 liv. ne sera plus que de 90 liv., & le centieme denier ne sera déduit que sur le pied du nouveau principal, c'est-à-dire, de 18 sols.

Les dix cases de ce second Billet remplies, il sera encore renouvellé ; son principal réduit à 81 liv., & le centieme denier à 16 sols ; & ainsi des autres, jusqu'à ce que le Billet ayant été renouvellé vingt-quatre fois, & éprouvé deux cens cinquante mutations, il se trouve réduit à 6 liv. : il sera alors remboursé sur le champ en argent au Trésor Royal.

J'observe que le Billet de 1000 liv. essuiera quarante-sept renouvellemens, & quatre cens quatre-vingt mutations, avant de se trouver réduit à 6 liv. pour être remboursé en argent.

Si le droit n'étoit que de demi pour cent, il faudroit quatre-vingt-quatorze renouvellemens, & neuf cens soixante mutations pour réduire à 6 liv. un Billet de 1000 liv.

Le Billet peut donc s'anéantir plus ou moins vîte ; mais il s'anéantira certainement, & n'ira au Bureau que pour être renouvellé.

ONZIEMEMENT, la perte ne sera pas accablante pour la Nation. Cette perte dépendra du droit qui fera impofé fur chaque mutation. On verra ci-après, par les Tableaux que j'ai joints, à quoi elle pourra monter à peu près ; mais la Nation en fera bien indemnifée par la diminution réelle des impôts, par l'efpérance de les voir diminuer davantage, par l'activité de fon commerce, par la meilleure culture des terres, &c.

Douziemement, le Billet eft fait de façon à attirer la confiance : je vous prends pour juge, Lecteur judicieux. Si ce Billet eft fimple ; s'il a une deftination fixe ; s'il ne peut être contrefait, altéré ni agioté ; s'il eft d'une circulation facile ; s'il ne peut avoir aucune mauvaife fuite ; fi le nombre en doit être néceffairement fixé ; s'il s'anéantit de lui-même ; s'il procure la diminution des impôts ; s'il ranime le commerce & l'agriculture ; s'il met le Citoyen à fon aife : il vaut à peu de chofes près, pour la décharge de l'Etat, une mine d'or ou d'argent : dès-lors il mérite toute confiance.

Mais je dis plus ; & le difcrédit public qui a gagné depuis nombre d'années, me donne la hardieffe de le foutenir. Le Billet que je propofe, mérite plus la confiance, que n'en ont jamais mérité les Effets de l'emprunt de 50 millions, ceux d'Alface, fur les Colonies, fur la Guerre, & autres Effets. Les coupons d'intérêts qui y ont été unis, ont été le feul motif qui leur a attiré la confiance. On n'a pas examiné s'ils étoient une charge pour l'Etat : on n'a pas voulu prévoir qu'ils ne pouvoient avoir une fin avantageufe.

Le Billet que je propofe, ne tourne au con-

traire qu'à la décharge de l'Etat & au soulagement du peuple : s'il n'a pas de coupons d'intérêts joints, il n'en est pas moins vrai que le Roi,
en diminuant les impôts proportionnellement au
numéraire des Billets, tient compte à la Nation
des intérêts à cinq pour cent ; & si les particuliers ne touchent pas annuellement ces intérêts ;
aussi est-il clair que la Nation tirera cinq pour
cent de moins de sa poche qu'elle n'a fait
jusqu'ici.

L'établissement du Billet proposé exigera une
manutention suivie, des registres, des comptes
à rendre à tels Commissaires qu'il plaira au Roi
d'indiquer ; il sera même nécessaire d'avoir des
comptes toujours ouverts : tout se fera sous les
yeux de la Nation ; ce qui doit être un nouveau
motif de confiance.

Enfin, il est facile, avec ce Billet, d'assurer aux
peuples la diminution progressive des impôts ; &
je crois que cette assurance sera pour eux le plus
puissant motif de confiance.

SECTION V.

Application du Billet à une opération de Finance.

Je suppose que le Roi, par un Edit solemnel,
ordonnera, par exemple, quel es rescriptions de
la recette générale, les Billets des Fermes, les
Offices liquidés, les Reconnoissances de M. de
Gagny, les Actions de la Compagnie des Indes,
& autres, jusqu'à concurrence seulement de cinq
cens millions, seront remboursés avec le Billet
que j'ai désigné ;

Que ce Billet aura cours comme l'argent
comptant ;   Qu'il

Qu'il diminuera d'une somme fixe à chaque mutation ;

Qu'après dix mutations, il sera renouvellé ;

Qu'il sera reçu par les Receveurs & Fermiers de ses droits en paiement des impôts ;

Que tous les ans, à proportion que les Billets diminueront en numéraire, sur les états qui seront dressés du montant du produit des droits de mutation, il sera ordonné, par un Arrêt du Conseil, que tels autres Effets ou Contrats seront remboursés avec de nouveaux Billets, jusqu'à concurrence de la somme dont le numéraire des Billets circulans aura diminué par les mutations ;

Que cette opération sera continuée annuellement, jusqu'à ce que la charge de l'Etat & les impôts soient diminués & réduits à la somme que la Nation peut & doit raisonnablement supporter ;

Enfin, comme le remboursement de cinq cens millions de principal éteint vingt-cinq millions des charges annuelles ; que les Impôts seront diminués sur le champ de vingt-cinq millions ; & que cette diminution aura lieu & s'accroitra annuellement à fur & à mesure des remboursemens.

Il est aisé de calculer l'avantage que l'Etat & la Nation retireront de cette opération.

Mais comme, pour tirer des conséquences justes, il faut partir d'un point certain ; je supposerai, 1°. Que l'Etat n'est surchargé que de quinze cens millions qu'il veut rembourser ; 2°. Que les impôts ne sont trop forts que de soixante-quinze millions, qu'il faut éteindre ;

les 500 millions, éprouveront l'un dans l'autre dix à quinze mutations par an.

§. I.

Effet de l'opération en faveur de l'Etat, dans le cas où le droit de mutation seroit fixé à un pour cent.

La quantité du numéraire en Billets n'étant point excessive, & les besoins des peuples étant réels & pressans; je ne fais pas de doute que la masse des Billets n'éprouve chaque année dix à quinze mutations.

Pour rendre l'opération sensible & plus suivie, j'ai cru devoir faire un Tableau, dans chaque supposition. C'est sur ces tableaux, que je prie le Lecteur de jetter des yeux attentifs; il y verra l'ordre & la progression des remboursemens, de l'extinction des intérêts, de la diminution des impôts, du soulagement que le peuple éprouvera chaque année, des pertes & des gains qu'il fera, & enfin la répartition de cette perte sur chaque tête.

Si au premier Janvier 1775, le Roi juge à propos de faire l'opération, & qu'il rembourse cinq cens millions; il est clair que la masse de la dette sera diminuée sur le champ de 500 millions.

Il sera éteint le même jour, des arrérages ou intérêts pour   25 millions.

Suivez la premiere, la seconde & la quatrieme colonnes du premier Tableau.

Dans le cas de quinze mutations par an, la masse du numéraire en Billets diminuera chaque année; & le centieme denier produira 75 millions.

I**er** TABLEAU, *fait dans la supposition de Quinze Mutations par an, & d'Un pour cent de perte.*

	1re Col.	2e	3e	4e	5e	6e	
ANNÉES où se feront les opérations.	PRINCIPAUX de la masse de la Dette remboursés.	ARRÉRAGES de Rentes éteints, & DIMINUTION graduelle des Impôts.	SOMMES dont le Peuple se trouvera déchargé chaque année sur les Impôts.	PERTE que le Peuple paroîtra supporter annuellement par l'effet de l'opération.	PERTE réelle que la Nation essuiera les premières années.	RÉPARTITION de la Perte sur un million de Citoyens, qu'on suppose pouvoir la supporter.	
1re	500,000,000	25,000,000	25,000,000	75,000,000	50,000,000	50 lib.	c
2	75,000,000	3,750,000	28,750,000	75,000,000	46,250,000	46	5
3	75,000,000	3,750,000	31,500,000	75,000,000	42,500,000	42	10
4	75,000,000	3,750,000	36,250,000	75,000,000	38,750,000	38	15
5	75,000,000	3,750,000	40,000,000	75,000,000	35,000,000	35	
6	75,000,000	3,750,000	43,750,000	75,000,000	31,250,000	31	5
7	75,000,000	3,750,000	47,500,000	75,000,000	27,500,000	27	10
8	75,000,000	3,750,000	51,250,000	75,000,000	23,750,000	23	15
9	75,000,000	3,750,000	55,000,000	75,000,000	20,000,000	20	
10	75,000,000	3,750,000	58,750,000	75,000,000	16,250,000	16	5
11	75,000,000	3,750,000	61,500,000	75,000,000	12,500,000	12	10
12	75,000,000	3,750,000	66,250,000	75,000,000	8,750,000	8	15
13	75,000,000	3,750,000	70,000,000	75,000,000	5,000,000	5	
14	75,000,000	3,750,000	73,750,000	75,000,000	1,250,000	1	5
15	25,000,000	1,250,000	75,000,000				
	1,500,000,000	75,000,000	766,250,000	1,050,000,000	358,750,000	358 liv. 15 c	

11me **TABLEAU**, *fait dans la supposition de Dix Mutations par an, & d'Un pour cent de perte.*

	1re Col.	2e	3e	4e	5e	6e	7e
ANNÉES où se feront les opérations.	PRINCIPAUX de la masse de la Dette remboursés.	ARRÉRAGES de Rentes éteints, & DIMINUTION graduelle des Impôts.	SOMMES dont le Peuple se trouvera déchargé chaque année sur les Impôts.	PERTE que le Peuple paraîtra supporter annuellement par l'effet de l'opération.	PERTE réelle que la Nation essuiera les premières années.	GAIN EFFECTIF pour le Peuple les années suivantes.	RÉPARTITION de la Perte sur un million de Citoyens qu'on suppose pouvoir la supporter.
1re	500,000,000	25,000,000	25,000,000	50,000,000	25,000,000		25 liv. 0
2	50,000,000	2,500,000	27,500,000	50,000,000	22,500,000		22 10
3	50,000,000	2,500,000	30,000,000	50,000,000	20,000,000		20
4	50,000,000	2,500,000	32,500,000	50,000,000	17,500,000		17 10
5	50,000,000	2,500,000	35,000,000	50,000,000	15,000,000		15
6	50,000,000	2,500,000	37,500,000	50,000,000	12,500,000		12 10
7	50,000,000	2,500,000	40,000,000	50,000,000	10,000,000		10
8	50,000,000	2,500,000	42,500,000	50,000,000	7,500,000		7 10
9	50,000,000	2,500,000	45,000,000	50,000,000	5,000,000		5
10	50,000,000	2,500,000	47,500,000	50,000,000	2,500,000		2 10
11	50,000,000	2,500,000	50,000,000	50,000,000			
12	50,000,000	2,500,000	52,500,000	50,000,000		2,500,000	
13	50,000,000	2,500,000	55,000,000	50,000,000		5,000,000	
14	50,000,000	2,500,000	57,500,000	50,000,000		7,500,000	
15	50,000,000	2,500,000	60,000,000	50,000,000		10,000,000	
16	50,000,000	2,500,000	62,500,000	50,000,000		12,500,000	
17	50,000,000	2,500,000	65,000,000	50,000,000		15,000,000	
18	50,000,000	2,500,000	67,500,000	50,000,000		17,500,000	
19	50,000,000	2,500,000	70,000,000	50,000,000		20,000,000	
20	50,000,000	2,500,000	72,500,000	50,000,000		22,500,000	
21	50,000,000	2,500,000	75,000,000	50,000,000		25,000,000	
	1,500,000,000	75,000,000	1,050,000,000	1,050,000,000	137,500,000	137,500,000	137 liv. 10 s

2 Page 34

3°. Que la masse des Billets qui composeront

Le Roi pourra donc rembourser tous les ans la somme de   75 millions.

Et il sera éteint des intérêts pour 3 millions 750 mille livres.

Au commencement de la quinzieme année, il sera remboursé, sur les principaux que doit l'Etat, un capital de   15 cens millions.

Et il sera éteint des charges annuelles pour 75 millions, ci   75 millions.

Suivez maintenant les premiere, seconde & quatrieme colonnes du second Tableau.

Dans le cas de dix mutations, le produit du centieme denier ne sera que de cinquante millions par an; le Roi ne pourra dès-lors rembourser annuellement que   50 millions.

Et il ne sera éteint d'arrérages ou intérêts que pour   2 millions 500 mille livres.

Ce ne sera qu'au commencement de la vingt-unieme année, que le principal de quinze cens millions sera remboursé, & les soixante-quinze millions de charges éteintes.

De quelque côté qu'on envisage l'opération, elle présente la libération certaine de la masse de la dette, & la diminution des charges de l'Etat; il n'y a de différence que dans le plus ou le moins de temps dans lequel elles pourront s'opérer.

§. I I.

Effet de l'opération en faveur de la Nation.

La diminution des impôts en faveur du peuple, ne peut être qu'une suite de la diminution de la charge annuelle de l'Etat. Je viens de prouver qu'il étoit aisé d'éteindre la charge; j'en ai fait voir la certitude, l'ordre & la progreſſion. Il me reſte à prouver que le ſoulagement de la Nation ſuit néceſſairement l'opération.

Prenez encore le premier Tableau; vous verrez, par la ſeconde colonne, que lors de l'établiſſement de l'opération, les impôts diminueront de 25 millions.

Enſuite tous les ans de 3 mill. 750 mille liv.

Et qu'au commencement de la quinzieme année, ils ſeront diminués de 75 millions.

Par la troiſieme colonne, vous verrez la diminution progreſſive des impôts. La premiere année, elle ſera de 25 millions; la ſeconde, de 28 millions 750 mille livres; la troiſieme, de 32 millions 500 mille livres; & ainſi des autres en augmentant : la quinzieme année, la Nation n'aura pas payé 766 millions 250 mille livres, qu'elle ſeroit tenue de payer, ſi les choſes reſtoient dans l'état actuel.

La quatrieme colonne indique la perte annuelle, que la Nation ſupportera pour raiſon du droit de Centieme Denier à chaque mutation.

Si cette perte ſe trouve en partie compenſée par la diminution des impôts portée à la troiſieme colonne; il faut convenir que la cinquieme, qui contient le détail de la perte réelle, annonce qu'en quatorze ans, la Nation aura à eſſuyer une perte réelle de 358 millions 750 mille livres. Mais je ſupplie de remarquer que la quinzieme année toute perte ceſſe. La diminution des impôts balance la perte des 75 millions. Les années ſuivantes, elle jouira à ſon tour progreſſivement de la diminution des 75 millions d'impôts; & elle ſera bientôt rembourſée de ſa perte.

Il eſt vrai que ce ſeroit exiger pendant quatorze ans un ſacrifice de la part de la Nation :
mais elle en ſeroit bien indemniſée par le renouvellement de la confiance , du commerce , de
l'induſtrie & de l'agriculture. Elle ſeroit devenue
plus riche, & par conſéquent en état de ſupporter
cette perte.

D'ailleurs cette perte diſtribuée entre un million de citoyens, formeroit-elle un gros objet
pour chacun ? Il ſuffit d'examiner la ſixieme
colonne.

Enfin, dans le vrai, la dette de l'Etat eſt celle
de la Nation : pourra-t-elle ſe plaindre de ce
qu'il lui en coûtera 358 millions 750 mille liv.,
lorſque pour cette ſomme, on lui fera rembourſer un principal de 1 milliart & demi , & qu'on
fera diminuer les impôts de 75 millions par an?
Je ne crois pas que ſes plaintes fuſſent fondées.

Paſſons maintenant à l'examen du ſecond
Tableau, fait dans la ſuppoſition de dix mutations.

La liquidation des 15 cens millions, & la diminution des 75 millions d'impôts, ſeront vingt-
une années à s'opérer. Mais la troiſieme & la quatrieme colonnes prouvent, que ſi la vingt-unieme
année la Nation n'a rien gagné , auſſi n'aura-t-elle
rien perdu ; il ſuffit d'examiner le réſumé de ces
deux colonnes , pour voir la balance.

Si par la cinquieme colonne la Nation éprouve
de la perte pendant dix ans , la ſixieme colonne
fait voir qu'elle en eſt remplie les dix années ſuivantes. La ſeptieme colonne répartit la perte
des dix premieres années ſur un million de perſonnes ; & le réſumé de cette colonne prouve,

que la perte pour chacun n'excédera pas, en dix années, la somme de 137 liv. 10 f.

§. III.

L'opération proposée peut se faire sans qu'il en coûte à la Nation, en réduisant le droit de mutation à demi pour cent.

Dès que l'opération est sûre, dès que le Billet ne peut être susceptible d'abus ; pourquoi, me dira-t-on, presser les remboursemens de la masse de la dette, & ne pas permettre à la Nation de jouir à l'instant de la diminution des impôts : le droit d'un pour cent est trop fort.

Je crois très-possible de faire sentir dès le commencement à la Nation les douceurs de la diminution des impôts ; il suffit de réduire le droit sur chaque mutation à demi pour cent. Le remboursement de la dette deviendra à la vérité plus long ; mais la Nation sera soulagée sur le champ.

Jettez les yeux sur le troisieme Tableau, fait dans la supposition de quinze mutations par an. Vous verrez, par les résultats de la premiere & de la seconde colonnes, que ce ne sera qu'au commencement de la vingtieme année que le principal des 15 cens millions sera remboursé, & que les 75 millions de charges seront éteints ; il faudra le même temps pour diminuer les impôts de 75 millions. La Nation n'éprouvera de perte que pendant sept années ; mais elle sera très-modérée pour chaque particulier. Dès la huitieme année, la diminution des impôts se fera sentir, & augmentera tous les ans jusqu'à l'extinction des Billets.

III.me TABLEAU, *fait dans la supposition de Quinze Mutations par an, & d'un Demi pour cent de perte.*

ANNÉES où se feront les opérations.	1re Col. PRINCIPAUX de la masse de la Dette remboursés.	2e ARRÉRAGES de Rentes éteints, & DIMINUTION graduelle des Impôts.	3e SOMMES dont le Peuple se trouvera déchargé chaque année sur les Impôts.	4e PERTE que le Peuple prétendu supportera annuellement par l'effet de l'opération.	5e PERTE réelle que la Nation essuiera les 7 premières années.	6e GAIN EFFECTIF pour le Peuple dès la huitième année.	7e RÉPARTITION de la Perte sur un million de Citoyens qu'on suppose pour la supporter.
1re	500, 000, 000	25, 000, 000	25, 000, 000	37, 500, 000	12, 500, 000		12 liv. 10 s. d.
2	37, 500, 000	1, 875, 000	26, 875, 000	37, 500, 000	10, 625, 000		10 12 6
3	37, 500, 000	1, 875, 000	28, 750, 000	37, 500, 000	8, 750, 000		8 15
4	37, 500, 000	1, 875, 000	30, 625, 000	37, 500, 000	6, 875, 000		6 17 6
5	37, 500, 000	1, 875, 000	32, 500, 000	37, 500, 000	5, 000, 000		5
6	37, 500, 000	1, 875, 000	34, 375, 000	37, 500, 000	3, 125, 000		3 2 6
7	37, 500, 000	1, 875, 000	36, 250, 000	37, 500, 000	1, 250, 000		1 5
8	37, 500, 000	1, 875, 000	38, 125, 000	37, 500, 000		265, 000	
9	37, 500, 000	1, 875, 000	40, 000, 000	37, 500, 000		2, 500, 000	
10	37, 500, 000	1, 875, 000	41, 875, 000	37, 500, 000		4, 375, 000	
11	37, 500, 000	1, 875, 000	43, 750, 000	37, 500, 000		6, 250, 000	
12	37, 500, 000	1, 875, 000	45, 625, 000	37, 500, 000		8, 125, 000	
13	37, 500, 000	1, 875, 000	47, 500, 000	37, 500, 000		10, 000, 000	
14	37, 500, 000	1, 875, 000	49, 375, 000	37, 500, 000		11, 875, 000	
15	37, 500, 000	1, 875, 000	51, 250, 000	37, 500, 000		13, 750, 000	
16	37, 500, 000	1, 875, 000	53, 125, 000	37, 500, 000		15, 625, 000	
17	37, 500, 000	1, 875, 000	55, 000, 000	37, 500, 000		17, 500, 000	
18	37, 500, 000	1, 875, 000	56, 875, 000	37, 500, 000		19, 375, 000	
19	37, 500, 000	1, 875, 000	58, 750, 000	37, 500, 000		21, 250, 000	
20	37, 500, 000	1, 875, 000	60, 625, 000	37, 500, 000		23, 125, 000	
21	37, 500, 000	1, 875, 000	62, 500, 000	37, 500, 000		25, 000, 000	
22	37, 500, 000	1, 875, 000	64, 375, 000	37, 500, 000		26, 875, 000	
23	37, 500, 000	1, 875, 000	66, 250, 000	37, 500, 000		28, 750, 000	
24	37, 500, 000	1, 875, 000	68, 125, 000	37, 500, 000		30, 625, 000	
25	37, 500, 000	1, 875, 000	70, 000, 000	37, 500, 000		32, 500, 000	
26	37, 500, 000	1, 875, 000	71, 875, 000	37, 500, 000		34, 375, 000	
27	37, 500, 000	1, 875, 000	73, 750, 000	37, 500, 000		36, 250, 000	
28	25, 000, 000	1, 250, 000	75, 000, 000				
	1, 500, 000, 000	75, 000, 000	1, 408, 125, 000	1, 012, 500, 000	40, 125, 000	368, 750, 000	48 liv. 2 s. 6 d.

IV.me TABLEAU, *fait dans la supposition de Dix Mutations, & d'un Demi pour cent de perte.*

ANNÉES où se feront les opérations.	1.re COL. PRINCIPAUX de la masse de la Dette remboursée.	2.e ARRÉRAGES de Rentes éteints, & DIMINUTION graduelle des Impôts.	3.e SOMMES dont le Peuple se trouvera déchargé chaque année sur les Impôts.	4.e PERTE que le Peuple paroîtra supporter annuellement par l'effet de l'opération.	5.e GAIN EFFECTIF pour le Peuple chaque année.
1.re	500, 000, 000	25, 000, 000	25, 000, 000	25, 000, 000	. . . .
2	25, 000, 000	1, 250, 000	26, 250, 000	25, 000, 000	1, 250, 000
3	25, 000, 000	1, 250, 000	27, 500, 000	25, 000, 000	2, 500, 000
4	25, 000, 000	1, 250, 000	28, 750, 000	25, 000, 000	3, 750, 000
5	25, 000, 000	1, 250, 000	30, 000, 000	25, 000, 000	5, 000, 000
6	25, 000, 000	1, 250, 000	31, 250, 000	25, 000, 000	6, 250, 000
7	25, 000, 000	1, 250, 000	32, 500, 000	25, 000, 000	7, 500, 000
8	25, 000, 000	1, 250, 000	33, 750, 000	25, 000, 000	8, 750, 000
9	25, 000, 000	1, 250, 000	35, 000, 000	25, 000, 000	10, 000, 000
10	25, 000, 000	1, 250, 000	36, 250, 000	25, 000, 000	11, 250, 000
11	25, 000, 000	1, 250, 000	37, 500, 000	25, 000, 000	12, 500, 000
12	25, 000, 000	1, 250, 000	38, 750, 000	25, 000, 000	13, 750, 000
13	25, 000, 000	1, 250, 000	40, 000, 000	25, 000, 000	15, 000, 000
14	25, 000, 000	1, 250, 000	41, 250, 000	25, 000, 000	16, 250, 000
15	25, 000, 000	1, 250, 000	42, 500, 000	25, 000, 000	17, 500, 000
16	25, 000, 000	1, 250, 000	43, 750, 000	25, 000, 000	18, 750, 000
17	25, 000, 000	1, 250, 000	45, 000, 000	25, 000, 000	20, 000, 000
18	25, 000, 000	1, 250, 000	46, 250, 000	25, 000, 000	21, 250, 000
19	25, 000, 000	1, 250, 000	47, 500, 000	25, 000, 000	22, 500, 000
20	25, 000, 000	1, 250, 000	48, 750, 000	25, 000, 000	23, 750, 000
21	25, 000, 000	1, 250, 000	50, 000, 000	25, 000, 000	25, 000, 000
22	25, 000, 000	1, 250, 000	51, 250, 000	25, 000, 000	26, 250, 000
23	25, 000, 000	1, 250, 000	52, 500, 000	25, 000, 000	27, 500, 000
24	25, 000, 000	1, 250, 000	53, 750, 000	25, 000, 000	28, 750, 000
25	25, 000, 000	1, 250, 000	55, 000, 000	25, 000, 000	30, 000, 000
26	25, 000, 000	1, 250, 000	56, 250, 000	25, 000, 000	31, 250, 000
27	25, 000, 000	1, 250, 000	57, 500, 000	25, 000, 000	32, 500, 000
28	25, 000, 000	1, 250, 000	58, 750, 000	25, 000, 000	33, 750, 000
29	25, 000, 000	1, 250, 000	60, 000, 000	25, 000, 000	35, 000, 000
30	25, 000, 000	1, 250, 000	61, 250, 000	25, 000, 000	36, 250, 000
31	25, 000, 000	1, 250, 000	62, 500, 000	25, 000, 000	37, 500, 000
32	25, 000, 000	1, 250, 000	63, 750, 000	25, 000, 000	38, 750, 000
33	25, 000, 000	1, 250, 000	65, 000, 000	25, 000, 000	40, 000, 000
34	25, 000, 000	1, 250, 000	66, 250, 000	25, 000, 000	41, 250, 000
35	25, 000, 000	1, 250, 000	67, 500, 000	25, 000, 000	42, 500, 000
36	25, 000, 000	1, 250, 000	68, 750, 000	25, 000, 000	43, 750, 000
37	25, 000, 000	1, 250, 000	70, 000, 000	25, 000, 000	45, 000, 000
38	25, 000, 000	1, 250, 000	71, 250, 000	25, 000, 000	46, 250, 000
39	25, 000, 000	1, 250, 000	72, 500, 000	25, 000, 000	47, 500, 000
40	25, 000, 000	1, 250, 000	73, 750, 000	25, 000, 000	48, 750, 000
41	25, 000, 000	1, 250, 000	75, 000, 000	25, 000, 000	50, 000, 000
	1, 500, 000, 000	75, 000, 000	2, 050, 000, 000	1, 025, 000, 000	1, 025, 000, 000

Si au contraire les Billets n'éprouvent que dix mutations, la différence est grande. Le remboursement des 15 cens millions, & la diminution des charges & des impôts jusqu'à la somme de 75 millions, ne seront opérés qu'au commencement de la quarante-unieme année ; mais la Nation ne supportera aucune perte, & tout deviendra profit pour elle.

Comparez ensemble les troisieme, quatrieme & cinquieme colonnes du quatrieme Tableau ; vous verrez que la premiere année, la diminution des impôts balance la perte occasionnée par les mutations. Dès la seconde année, la Nation jouira réellement de cette diminution ; cette jouissance augmentera toujours jusqu'à ce qu'elle soit de 75 millions ; ce qui n'aura lieu qu'à l'extinction entiere des 15 cens millions de Billets, qui auront été employés aux remboursemens.

§. IV.

A quelque somme que l'on porte le principal de la masse à rembourser, & quelque modique que soit la perte à chaque mutation, l'opération est la même.

Quelqu'un dira peut-être encore : Mais si la masse de la dette à rembourser excede les 15 cens millions ; si elle est de trois milliarts, l'opération est fausse.

Je réponds, que dans ce cas, la libération se fera attendre plus long-temps ; mais elle s'opérera sans qu'il en coûte à la Nation, & sans déranger l'ordre que j'ai proposé. Prenez la premiere colonne du troisieme Tableau ; au lieu de ne rembourſer la vingt-huitieme année que 25 millions; pour parfaire les 15 cens millions, on continuera le rembourſement annuel de 37 millions 500 mille livres, juſqu'à la soixante-huitieme année, que les trois milliarts ſeront remboursés.

La Nation n'aura pas moins commencé, dès la huitieme année, & peut-être dès la seconde, (toute perte ſur les mutations prélevée), à ſentir la douceur de la diminution des impôts. La trente-quatrieme année, elle jouira net de 50 millions; la quarante-huitieme, de 75 millions; & la soixante-huitieme année, époque à laquelle les charges & les impôts ſeront diminués de 150 millions, ſa décharge réelle ſera de 112 millions 500 mille livres; & elle attendra l'anéantiſſement des Billets, pour jouir en entier de la diminution des 150 millions d'impôts.

Il en ſeroit de même, dans le cas où le Roi jugeroit à propos de réduire le droit de mutation au quart de l'un pour cent : l'opération deviendroit plus longue, la diminution des impôts plus tardive; mais l'effet en ſeroit toujours certain.

CHAPITRE III.

Réflexions sur l'opération proposée.

L'UNIQUE but que je me suis proposé, a été d'alléger le fardeau que porte la Nation ; j'ai cru ne pouvoir le faire solidement, qu'en travaillant à décharger l'Etat. En même temps que dans la forme du Billet, j'ai donné des sûretés pour la Nation, j'ai cherché à rendre l'opération susceptible de recevoir l'impression que Sa Majesté croira la plus avantageuse à ses Peuples. Mais de quelque côté qu'on l'envisage, elle présente toujours la certitude la plus complette pour la libération de l'Etat, & la diminution des impôts.

Il me reste à rendre compte des motifs qui m'ont engagé à faire essuyer une perte au Billet ; ensuite je discuterai la masse du numéraire qui peut être mis d'abord dans le Public ; je proposerai quelques moyens qui pourront hâter la libération, & je répondrai à quelques difficultés qui pourroient se présenter.

SECTION PREMIERE.

De la nécessité d'une perte sur les Billets.

Lors de l'établissement de l'opération, la masse de la dette sera bien réellement diminuée de 500 millions, & les charges annuelles ainsi que les impôts, chacun de 25 millions.

Si le remboursement de ces 500 millions

suffisoit pour opérer la libération, on pourroit imposer sur chaque mutation une perte si
modique, pour parvenir à l'anéantissement des
Billets, que la Nation ne s'en appercevroit
pas, & jouiroit dans l'instant de la diminution
des 25 millions d'impôts : mais la masse de la
dette est trop forte.

Il m'a fallu trouver les moyens d'engager
une liquidation progressive, & en lier les parties si intimement entr'elles qu'on ne puisse
s'en écarter : j'ai cherché à établir des remboursemens annuels, des diminutions graduelles
d'impôts, des renouvellemens de Billets, des
pertes à chaque mutation ; j'ai employé le
produit de ces pertes ; enfin j'ai cherché à
arranger les choses de maniere que tout tourne
au profit de l'Etat & de la Nation.

Le renouvellement du Billet, & sa réduction
à sa juste valeur, après dix mutations, évitent à
la Nation de supporter, sous prétexte d'un
droit de demi pour cent, une perte beaucoup
plus forte. Sans renouvellement, un Billet de
1000 liv. seroit éteint par deux cens mutations ; au lieu qu'il en faudra neuf cens soixante pour le réduire à 6 liv.

Je considere la perte qui doit être supportée
à chaque mutation, comme un nouvel impôt
substitué à la place de l'ancien ; mais aussi je
regarde la masse des Billets comme la mine
qui produira annuellement les fonds nécessaires
pour rembourser la dette, & diminuer par-là
les impôts.

A l'instant de l'établissement de l'opération,
le peuple ne jouira véritablement que des avan-

tages que lui procurera la multiplication & la
préfence réelle des fignes; & quoiqu'il paroiffe
qu'à cet inftant les impôts feront diminués de
25 millions, le peuple n'en fera pas foulagé :
la perte fur les Billets fera toujours repréfenta-
tive de l'impôt ; le foulagement pour la Nation
ne peut être que le fruit de l'opération. Voyez
la cinquieme Colonne du quatrieme Tableau.

Section II.

*De la maffe du Numéraire en Billets qui peut
être mife dans le Public.*

L'avantage de l'Etat & de la Nation doit
être effentiellement le mobile de l'opération
que je propofe. En affurant la libération, je
crois qu'on la doit hâter autant qu'il fera poffible. J'ai fait mes calculs fur 500 millions de
Billets employés au rembourfement de pareille
fomme de la maffe de la dette; mais je n'ai
pas dit que cette fomme foit fuffifante. Peut-
on, doit-on même en faire pour plus forte
fomme ? c'eft ce que je laiffe à décider.

Je me contenterai de remarquer, 1°. Que
la grande maffe des métaux, ou des fignes des
métaux, eft en elle-même indifférente dans un
Etat confidéré féparément des autres Etats.
C'eft la circulation, foit intérieure, foit exté-
rieure des denrées, qui fait le bonheur du
Peuple ; ce qui eft vraiment néceffaire, c'eft
que l'efpece foit répartie proportionnellement
dans toutes les Provinces qui fourniffent des
denrées.

2°. Plus le numéraire des Billets fera fort

dans son établissement, plus la libération sera avancée, & plus la diminution des impôts deviendra sensible. Il est certain qu'il ne faut pas en introduire dans le commerce une quantité immense; mais il faut y en répandre assez: trop de Billets pourroit causer un engorgement dans la circulation, & entraîner d'autres maux ; trop peu peut aussi retarder la liquidation : c'est une juste balance qu'il faut sçavoir trouver.

Je crois cependant qu'il seroit plus aisé de remédier au mal que pourroit causer le trop fort numéraire en Billets, que de réparer la faute que l'on seroit en n'en répandant point assez dans le Public. Dès qu'on s'appercevroit de la trop grande quantité, le Roi, pour les causes qu'il plairoit à Sa Majesté de déduire, ordonneroit la premiere année, que, pour cette fois, il ne seroit pas fait de remboursement pour le montant du produit des mutations ; le numéraire resteroit dès-lors dans un état de diminution proportionné aux besoins; & il n'y auroit aucun danger dans cette opération. Au contraire, si le numéraire n'est point assez fort, il y auroit, selon moi, impossibilité de l'augmenter au-delà de la premiere somme fixée : ce seroit donner lieu à des doutes, & aux frayeurs d'une plus grande multiplication.

3°. Pour former le numéraire des 500 millions en Billets, il faudra tout au plus un million, ou douze cens mille Billets. Ces Billets seront de petites, de moyennes & de fortes sommes : la plus forte sera de mille livres. J'ai supposé, dans mes Tableaux, que ces Billets

ne circuleroient que parmi un million de personnes, afin de faire voir à quoi pouvoit monter pour chacun la perte même forcée ; il faut
cependant convenir que ces Billets pourront
circuler successivement, au moins dans les
mains de trois à quatre millions de Citoyens.

Dans les Tableaux, j'ai supposé que les quinze
mutations seroient supportées par un million
de personnes seulement. Si la circulation se
fait entre quatre millions, chacun supportera
tout au plus quatre mutations ; chacun ne recevra donc dans l'année que quatre Billets.
Je sçais que cette répartition égale est impossible ;
mais je prouve toujours qu'il ne peut jamais y en
avoir une grande quantité dans la main de
chaque membre de la Nation.

La masse des cinq cens millions en numéraire, ne peut même faire une grande abondance dans le public ; car considérée vis-à-vis
un million de personnes, le comptant de chacune ne seroit augmenté que de 500 liv. ;
considérée vis-à-vis quatre millions, il ne le
feroit que de 125 liv. ; enfin, considérée vis-
à-vis de cent mille Commerçans seulement que
je suppose dans le Royaume (*), ils n'auroient
chacun que cinq mille livres de plus dans leur
commerce.

4°. Le numéraire de cinq cens millions en
Billets n'existera jamais dans le public. Ces
billets sont destinés à faire des remboursemens ;
il faudra cinq à six mois pour les opérer : pendant ce temps, les premiers Billets auront essuyé

____

(*) Que seroit-ce s'il y en avoit onze cens milles, comme
quelqu'un l'a supposé ?

plusieurs mutations , peut - être auront - ils déjà été renouvellés plusieurs fois. Le numéraire aura diminué d'autant ; & , selon toute apparence , à la fin du remboursement , le numéraire pourra être réduit à 440 ou 450 millions.

Chaque année , le Bureau remettra au Conseil un relevé du produit des mutations. Ce relevé ne se pourra faire que sur la rentrée des premiers billets qui auront été renouvellés. Ces renouvellemens se feront opérés dans le courant de l'année ; & lorsque le relevé du montant des mutations se fera , les billets renouvellés circuleront dans le public ; ils auront même déjà essuyé, les uns deux , les autres quatre , six , huit & neuf mutations. Ces mutations ne seront comptées que pour l'année suivante.

Sur le relevé présenté au Conseil , portant que le produit des mutations pendant la premiere année monte à soixante-quinze millions , le Roi ordonnera la continuation du remboursement des dettes de l'Etat , jusqu'à concurrence de ces soixante-quinze millions. Pendant que ces remboursemens s'opéreront , les billets renouvellés reviendront de nouveau au Bureau ; & il s'ensuivra qu'en moins de deux années , le numéraire sera diminué d'environ trois fois soixante-quinze millions , & qu'il n'aura été remis dans le public , pour nouveau remboursement , que soixante-quinze millions. Le numéraire des cinq cens millions en billets , peut donc se trouver dans des instans réduit à trois cens cinquante millions ; & il ne peut jamais être plus fort que 400 à 420 millions.

5°. On comptoit , il y a vingt ans , dans le Royaume pour quinze cens millions d'especes ; fi elles y font encore , on peut dire qu'il n'y en a point affez. Le nombre des Commerçans de chaque genre a au moins doublé. Je prie le Lecteur de vérifier ce fait , il mérite attention. Il s'eft en outre formé , depuis la paix , une infinité de jeunes gens qui ne demandent qu'à travailler , & que le manque de fonds feul retient. Ne feroit-il pas néceffaire de chercher à établir une proportion entre le numéraire & le nombre des Commerçans?

6°. Le taux de l'intérêt de l'argent fuit le numéraire de l'efpece circulante. Si la diminution de l'intérêt eft une fuite de l'abondance des fignes, nous pouvons dire que fon taux haut indique fa rareté. Le numéraire en France n'eft point proportionné à celui qui circule dans les Royaumes voifins. Le taux de l'intérêt de l'argent fixé à cinq pour cent , tandis que chez nos voifins, il ne produit que trois pour cent, en eft la preuve. Notre intérêt étant plus fort de deux cinquiemes, qu'il ne l'eft chez nos voifins , on peut en conclure que , proportion gardée, le numéraire eft plus grand chez eux de deux cinquiemes. S'il eft poffible d'entretenir en France un numéraire plus fort de deux cinquiemes, que celui qui y circule préfentement , notre maffe ne fera qu'égaler celle de nos voifins ; & ces deux cinquiemes montent à fix cens millions.

Section III.

Moyens pour abréger le temps de la Libération.

1°. Une sage administration, l'économie, & le bon emploi des deniers royaux contribueront beaucoup à accélérer la libération.

2°. L'aisance que la présence des signes répandra dans le Public, augmentera la consommation; elle fera doubler le commerce, elle ranimera l'industrie. Les impôts sur les matieres premieres, les marchandises & les denrées produiront beaucoup plus; les revenus du Roi augmenteront.

3°. Les deniers de la caisse d'amortissement pourront être employés exactement aux remboursemens auxquels ils sont destinés; ce qui diminuera d'autant la dette.

4°. L'effet naturel de la multiplication de l'espece, est de faire baisser l'intérêt. Si les sujets du Roi ont la liberté d'emprunter à trois, trois & demi, ou quatre pour cent, pour rembourser les rentes qu'ils doivent à cinq pour cent; pourquoi l'Etat n'ouvriroit-il pas un Emprunt, aux mêmes conditions & dans les mêmes vues ? Si par-là, il ne diminue pas la masse de la dette, il diminuera la charge annuelle ; & on pourra diminuer les impôts.

Autant je crois nécessaire que le peuple ne soit pas surchargé, autant j'estime essentiel que l'Etat doive à ses membres. Le Trésor Royal est à l'Etat ce que le cœur est au corps. Il est nécessaire que la circulation ramene au Trésor Royal la masse du numéraire, pour y prendre

une

une nouvelle activité, & y être diftribuée dans toutes les parties par fes différens canaux.

Il n'eft pas indifférent à l'Etat, que la maffe de fa dette foit exceffive ; mais il eft indifférent au peuple, qu'elle foit plus ou moins forte : il lui fuffit que l'Etat puiffe faire honneur à fes engagemens, fans qu'il foit furchargé. Il eft donc plus néceffaire aujourd'hui de travailler à diminuer la charge annuelle, pour hâter fa diminution des impôts, que de rembourfer tout-à-coup la maffe de la dette. Un Emprunt ouvert eft un moyen fûr d'y parvenir.

Ce feroit même donner au peuple un nouveau motif de confiance, & lui multiplier les moyens de placer fon argent. Il auroit le choix entre l'Etat, les particuliers, & le commerce. Et pourquoi ne permettroit-on pas aux prêteurs de demander en cas de befoin leur rembourfement, en avertiffant d'avance ? Ce feroit favorifer le commerce & la circulation.

Les deniers provenans de cet emprunt volontaire, feroient employés au rembourfement des objets les plus à charge à l'Etat. Avec ce fecours, je ne doute pas qu'en quinze ou vingt ans, on ne vînt à bout, & de confommer la libération, & de diminuer confidérablement les impôts.

5°. Enfin, la fixation plus ou moins forte de la perte fur chaque mutation, ainfi que le nombre des mutations par année, peuvent beaucoup contribuer à la prompte libération. Si la circulation devient plus active, & qu'il s'en faffe plus de quinze par an fur la totalité du numéraire en Billets ; ces Billets feront plutôt anéantis ; on aura la preuve complette de l'augmentation du commerce, & conféquemment des gains de la Nation.

Quant à la fixation de la perte fur chaque mutation, je laiffe à décider lequel fera le plus avantageux à la Nation, d'effuyer une perte certaine pendant les premieres années, en fupportant le droit d'un pour cent, & par-là de hâter la libération ; ou d'attendre long-temps cette diminution, en ne fupportant fur la mutation que demi pour cent de perte, ou même moins.

Il eft fûr que la libération feroit une fois plus prompte, fi ce droit étoit d'un pour cent : mais feroit-ce le plus avantageux ? Dès qu'il ne peut y avoir d'abus dans les Billets ; qu'ils ne peuvent être multipliés ; qu'ils ne peuvent être deftinés qu'au rembourfement de la dette ; que le Roi n'aura jamais intérêt ni befoin de les multiplier, augmenter ni diminuer ; en un mot, dès que l'opération eft fûre : je crois très-indifférent pour le peuple le nombre des années dans l'intervalle defquelles la libération s'opérera, fur-tout fi elle lui procure l'aifance. Mais comme il eft toujours difpofé à craindre, que ce qui lui eft le plus utile ne lui devienne défavantageux, j'ai dû propofer ce point à décider.

SECTION IV.

L'augmentation des Denrées ne peut être une fuite de l'opération.

Les véritables richeffes font celles que produit la terre ou l'induftrie. L'argent n'en eft que le ſigne. Le haut intérêt des ſignes a fait négliger les véritables richeſſes : l'agriculture & les manufactures ſont tombées, parce que ces deux branches donnoient beaucoup de peine, & ne rapportoient pas à beaucoup près tant que l'argent.

La préſence des ſignes, en faiſant baiſſer le taux de l'argent, mettra l'égalité entre le produit des richeſſes naturelles & celui des ſignes. Pour exciter les Cultivateurs, on ne ſera plus tenu d'employer ces moyens forcés & ruineux pour la Nation : tout reprendra ſa place ; on ne négligera aucun état, parce que l'on vivra dans tous, parce que les profits ſeront égaux.

On ne doit pas craindre que l'augmentation du numéraire faſſe augmenter les denrées ; car enfin nous n'en avons que de deux eſpeces, celles de production naturelle, & celles de production artificielle, ou de l'induſtrie.

Les denrées de production naturelle, telles que le bled, le vin, & autres productions de la terre, n'augmentent pas en proportion du numéraire ; c'eſt la quantité ou la rareté de ces productions qui en fixe le prix. Ces eſpeces de denrées n'augmentent qu'autant que le commerce les rend plus ou moins rares.

Quant à celles qui viennent de l'induſtrie, elles diminueront plutôt que d'augmenter. Les Entrepreneurs de manufactures paieront moins d'intérêt de l'argent, moins d'impôts ſur les matieres premieres : il y aura plus de manufactures, plus de profits, plus d'ouvriers : les marchandiſes ſeront plus communes : dès lors il n'y a rien à craindre pour l'augmentation.

D ij

Je ſçais que l'effet naturel de la multiplication des ſignes, eſt de faire augmenter les denrées ; mais je prie d'obſerver que cet effet ne peut avoir lieu que dans le cas d'une trop grande abondance. La diminution des impôts, jointe à l'opération, doit néceſſairement les faire diminuer.

Je ne vois que les biens-fonds qui pourroient augmenter : mais qu'importe à l'Etat & à la Nation qu'ils augmentent ? Celui qui voudra les acheter plus cher, y verra ſans doute un profit proportionné ; il ſera plus en état de cultiver & de planter : cette acquiſition ſera volontaire, & ne bleſſera perſonne.

Section V.

On ne peut dire que c'eſt une Banqueroute.

Sans doute que quelqu'un prétendra que l'opération préſente l'idée d'une banqueroute. Il ne ſera pas difficile de prouver qu'elle n'eſt qu'une ſimple opération de finance.

Il n'en eſt pas d'un Etat comme d'un débiteur particulier. Un Etat eſt la ſociété d'un peuple réuni, pour vivre ſous une même loi, & ne former qu'un corps dont chaque particulier eſt membre.

En même temps que l'Etat ou le peuple réuni doit aux membres, les membres doivent fournir à l'Etat des impôts ſuffiſans, pour qu'il puiſſe faire honneur aux engagemens.

Si la dette eſt trop forte, & les impôts trop multipliés ; ſi les membres ſouffrent ; ſi l'Etat ne peut fournir à toutes les dépenſes ; s'il n'y a pas de fonds prêts pour les befoins imprévus, il eft néceffaire de chercher des reffources. Chacun des membres de l'Etat a intérêt qu'il s'en trouve: ces membres font cenfés fe réunir dans ceux qui gouvernent, pour chercher ces reffources; & lorfqu'un Roi éclairé fait une loi nouvelle pour fatisfaire à la dette, c'eft le fujet qui donne fa voix pour s'exécuter lui-même.

Un Etat ne fait banqueroute, que lorfqu'il fait perdre aux étrangers; il n'y en a point lorf-que la Nation feule fupporte la perte, parce que c'eft elle-même qui fe fait la loi, & que chacun eft le maître de fes actions.

Enfin toute banqueroute préfente une perte certaine. Le Plan propofé, loin de préfenter de la perte, affure un gain net pour la Nation. Il n'eft donc qu'une opération avantageufe de finance.

SECTION VI.

L'Opération ne peut faire tort à qui que ce foit, & dans aucun temps.

On objectera peut-être que la quantité de rembourfemens peut caufer un embarras à quel-ques citoyens.

Sur quoi j'obferve, 1°. Qu'on ne feroit certai-nement pas cette difficulté, s'ils étoient effectués en deniers comptans. J'ai démontré que le Billet étoit auffi folide que l'argent comptant; mais la feule idée de Billet donnera matiere à parler.

2°. La plupart des effets dont je fuppofe que le Roi ordonnera le rembourfement, font eux-mêmes des Billets qui auroient dû être rembour-

fés il y a long-temps. Les rembourfer aujour-
d'hui, c'eſt rentrer dans l'ordre.

3°. Ces effets, dont je propoſe le rembourſement, perdent ſur la place 20, 25, & peut-
être 30 pour cent. Quel ſera le propriétaire qui
ſe trouvera maltraité de recevoir ſon rembourſement en entier, tandis que ces effets ne lui
ont peut-être coûtés que les deux tiers ou les
trois quarts de leur valeur originaire?

4°. Celui qui ſera rembourſé, emploiera ſes
fonds à payer ſes dettes & à rembourſer les
rentes qu'il doit. Il mettra le ſurplus dans le
commerce, ou le placera ſur le Roi, ſur les
particuliers. Une ſomme de 20000 liv. reçue
en rembourſement, ſe trouvera peut-être diſtribuée, en moins de vingt-quatre heures, dans
trente ou quarante mains différentes.

5°. La maſſe du numéraire en Billets ſera ſix
mois à ſe répandre dans le Public; il n'y aura ni
ſecouſſe, ni engorgement; ils ſe répartiront in-
ſenſiblement entre différentes perſonnes.

6°. Enfin la Nation ne ſera pas ſurpriſe;
chacun aura le temps de prendre ſes précautions,
de ſe préparer un commerce, ou un emploi. Les
beſoins preſſans de la Nation nous ſont garants
que ces Billets ne demeureront point oiſifs.

CONCLUSION.

Le commerce étranger eſt, pour ainſi dire, le
ſeul intérêt réel de l'Etat au dedans; cet intérêt
eſt celui du peuple, & celui du peuple eſt celui
du Prince. Ces trois parties forment un ſeul tout.

La nature du commerce conſiſte dans un
échange de denrées contre des denrées; la

monnoie n'en est que le signe, ce signe les re-
présente dans leur absence.

Il n'est point de Nation qui ne reçoive réci-
proquement des denrées des peuples auxquels
elle vend ; c'est l'excédent des exportations sur
les importations qui lui procure de nouvel argent.

Les signes sont nécessaires dans l'Etat pour la
facilité du commerce intérieur ; ils mettent le
Commerçant à portée de préparer les denrées
qu'il doit transporter : il n'a pas besoin de signes
pour le commerce extérieur.

Par la répartition de la nouvelle masse, la
présence de l'argent ou de ses signes, deviendra
plus assurée dans le commerce ; les motifs de
défiance qui pouvoient se rencontrer dans l'Etat,
s'évanouiront. Les propriétaires qui tiennent
l'ancienne masse renfermée, la répandront plus
librement ; l'intérêt de l'argent baissera, les denrées prendront une valeur proportionnée, & il
y aura plus de profit à les apporter dans le commerce.

Dès qu'il y aura plus de profits dans le commerce, le nombre des Négocians s'accroîtra, la
masse de l'argent grossira, les consommations se
multiplieront, l'industrie deviendra plus active,
& la circulation plus naturelle.

D'après cela, nous pourrions permettre à nos
regards de s'étendre, & de parcourir le spectacle
immense d'une infinité de moyens réunis pour
attirer l'argent étranger par le commerce ; mais
je finirai par une réflexion.

La force & la félicité des Etats dépendent du
nombre & de l'aisance des citoyens. Tous les
grands hommes, chargés du Gouvernement, ont

cherché à multiplier l'une & l'autre par la protection qu'ils ont accordée au commerce ; l'histoire est un témoin non suspect à cet égard. Mais, sans remonter aux siecles éloignés, le Cardinal de Richelieu porta, dans les premiers instans de la tranquillité publique, ses vues du côté des Colonies & du commerce. Les troubles d'une guerre continuelle n'empêcherent point le grand Colbert de protéger les manufactures & la navigation. En peu d'années les Arts de toute espece furent portés à une perfection qui étonna l'Europe.

Sous un Regne où le Gouvernement ne s'occupe que du bonheur des peuples, dans le siecle le plus éclairé, dans un moment où les vrais principes sont mis dans leur plus grand jour, devons-nous desirer les Richelieu & les Colbert?

F I N.

APPROBATION.

APPROBATION.

J'Ai lu, par ordre de Monſeigneur le Garde des Sceaux, un *Mémoire ſur les Finances, contenant un Moyen certain pour rembourſer la maſſe de la Dette de l'Etat, & aſſurer la Diminution des Impôts.* Le Projet propoſé par l'Auteur me paroît contraire aux principes de toute ſaine adminiſtration, dont la baſe eſt la fidélité dans ſes engagemens. Au ſurplus, l'Auteur voulant rendre le Public juge de ſon Projet, j'ai cru qu'on pouvoit en permettre l'impreſſion. A Paris, ce 23 Novembre 1774.

Signé, CADET DE SAINEVILLE.

PRIVILEGE DU ROI.

LOUIS, PAR LA GRACE DE DIEU, ROI DE FRANCE ET DE NAVARRE; A nos amés & féaux Conſeillers, les Gens tenans nos Cours de Parlement, Maîtres des Requêtes ordinaires de notre Hôtel, Grand - Conſeil, Prévôt de Paris, Baillifs, Sénéchaux, leurs Lieutenans-Civils, & autres nos Juſticiers qu'il appartiendra; SALUT. Notre amé le Sieur *** nous a fait expoſer qu'il deſireroit faire imprimer & donner au Public un Ouvrage intitulé: *Mémoire ſur les Finances,* &c. s'il Nous plaiſoit lui accorder nos Lettres de Permiſſion pour ce néceſſaires : A CES CAUSES, voulant favorablement traiter l'Expoſant, Nous lui avons permis & permettons par ces Préſentes, de faire imprimer ledit Ouvrage autant de fois que bon lui ſemblera, & de le faire vendre & débiter par tout notre Royaume, pendant le temps de trois années conſécutives, à compter du jour de la date des Préſentes. Faiſons défenſes à tous Imprimeurs, Libraires, & autres perſonnes de quelque qualité & condition qu'elles ſoient, d'en introduire d'impreſſion étrangere dans aucun lieu de notre obéiſſance: à la charge que ces Préſentes ſeront enregiſtrées tout au long ſur le Regiſtre de la Communauté des Imprimeurs

& Libraires de Paris, dans trois mois de la date d'icelles ;
que l'impreſſion dudit Ouvrage ſera faite dans notre Royaume, & non ailleurs, en bon papier & beaux caracteres ;
que l'Impétrant ſe conformera en tout aux Réglemens de
la Librairie, & notamment à celui du 10 Avril 1725 ; à
peine de déchéance de la préſente Permiſſion : qu'avant
de l'expoſer en vente, le Manuſcrit qui aura ſervi de copie
à l'impreſſion dudit Ouvrage, ſera remis dans le même
état où l'Approbation y aura été donnée, ès mains de notre
très-cher & féal Chevalier Garde des Sceaux de France
le Sieur Huɛ ᴅᴇ Mɪʀᴏᴍᴇɴɪʟ ; qu'il en ſera enſuite remis
deux Exemplaires dans notre Bibliothéque publique, un
dans celle de notre Château du Louvre, un dans celle de
notre très-cher & féal Chevalier Chancelier de France le
Sieur ᴅᴇ Mᴀᴜᴘᴇᴏᴜ, & un dans celle dudit Sieur Huɛ ᴅᴇ
Mɪʀᴏᴍᴇɴɪʟ ; le tout à peine de nullité des Préſentes :
du contenu deſquelles vous mandons & enjoignons de faire
jouir ledit Expoſant & ſes ayans cauſe, pleinement &
paiſiblement, ſans ſouffrir qu'il leur ſoit fait aucun trouble
ou empêchement. Voulons qu'à la copie des Préſentes, qui
ſera imprimée tout au long, au commencement ou à la fin
dudit Ouvrage, foi ſoit ajoutée comme a l'original.
Commandons au premier notre Huiſſier ou Sergent ſur ce
requis, de faire pour l'exécution d'icelles tous Actes requis
& néceſſaires, ſans demander autre permiſſion, & non-
obſtant clameur de Haro, Charte Normande, & Lettres
à ce contraires. Cᴀʀ tel eſt notre plaiſir. Donné à Verſailles,
le premier jour du mois de Décembre, l'an mil ſept cent
ſoixante - quatorze, & de notre regne le premier.

Par le Roi en ſon Conſeil,

LEBEGUE.

*Regiſtré ſur le Regiſtre XIX de la Chambre Royale &
Syndicale des Libraires & Imprimeurs de Paris, N°. 9,
fol. 332, conformément au Réglement de 1723, qui fait défenſes, article 41, à toutes perſonnes, de quelque qualité & condition qu'elles ſoient, autres que les Libraires & Imprimeurs,
de vendre, débiter & faire afficher aucuns Livres pour les
vendre en leurs noms, ſoit qu'ils s'en diſent les Auteurs ou
autrement, & à la charge de fournir à la ſuſdite Chambre
8 Exemplaires preſcrits par l'article 108 du même Réglement.
A Paris, ce 2 Décembre 1774.*

SAILLANT, *Syndic.*